Vente le Lundi 26 Avril 1869

COLLECTION DE M. B****asilewski.

ARMES
ET ARMURES

EXPOSITIONS

PARTICULIÈRE, le Samedi 24 Avril 1869;
PUBLIQUE, le Dimanche 25 Avril 1869.

Mᵉ CHARLES PILLET,
COMMISSAIRE-PRISEUR

M. CARLE DELANGE
EXPERT.

CATALOGUE

DES

ARMURES

ARMES OFFENSIVES & DÉFENSIVES

DES XVᴱ, XVIᴱ & XVIIᴱ SIÈCLES

*Faisant partie de la célèbre Collection de M. B****

ET DONT LA VENTE AURA LIEU

HOTEL DROUOT, SALLE Nº 9

Le Lundi 26 Avril 1869

A DEUX HEURES

Par le ministère de Mᵉ **CHARLES PILLET**, Commissaire-Priseur,
10, rue Grange-Batelière,

Assisté de M. **Carle DELANGE**, Expert, quai Voltaire, 5.

Chez lesquels se trouve le Catalogue.

EXPOSITIONS { *PARTICULIÈRE :* le Samedi 24 Avril 1869,
PUBLIQUE : le Dimanche 25 Avril 1869,

DE UNE HEURE A CINQ HEURES

CONDITIONS DE LA VENTE

Elle sera faite au comptant.

Les acquéreurs payeront, en sus des adjudications, *cinq pour cent*, applicables aux frais.

L'exposition mettant le public à même de se rendre compte de l'état des objets, il ne sera admis aucune réclamation une fois l'adjudication prononcée.

Ce Catalogue se trouve :

A Paris, chez MM.	CHARLES PILLET, commissaire-priseur, 10, rue Grange-Batelière.
—	Carle DELANGE, Expert, quai Voltaire, 5.
A Londres,	H. DURLACHER, 113, New-Bond street, International Society of Fine arts, Old-Bond street, 25.
A Bruxelles,	ETIENNE LEROY, place du Grand-Sablon, 33, expert du musée royal.
—	HANICK, rue Royale, 126.
—	SLAAS KOCK, march. antiquaire, Longue-Rue.
A New-York,	KNŒDLER, Broadway, 772.
A Leipzig,	BROCKAUS et Cᵒ.
—	BRAME, expert, rue Taitbout, 47.

Paris. — Typ. PILLET fils aîné, rue des Grands-Augustins, 5.

DÉSIGNATION DES OBJETS

ARMURES & PIÈCES DÉFENSIVES

1 — Armure complète en acier poli du xv° au xvi° siècle,
dite Maximilienne : elle est à cannelures, les épaulières à
rempart, la cuirasse pliée et saillante. Le heaume avec
mentonnière et à visière à soufflet.

2 — Armure complète de même époque et de même style,
avec parties cannelées et parties rehaussées ; la cuirasse
est bombée ; même heaume que celui de la précédente.

3 — Autre de même époque et de même style à cannelures,
la cuirasse bombée, le heaume pareil à celui des deux
précédentes.

4 — Armure complète du xvi° siècle, en acier poli, avec
bordures gravées et dorées ; les cuissards sans tassettes, le
heaume à visière grillée.

5 — Armure complète du commencement du xvi° siècle : elle
est en acier poli et lisse, la cuirasse bombée, le heaume à
visière grillée ; au défaut des épaulières, des rondelles.

6 — Autre armure du même style et de même époque.

7 — Autre semblable aux deux numéros précédents.

8 — Petite armure d'enfant du XVIe siècle ; elle se termine à la cuirasse avec gantelets ; elle est entièrement décorée de fines gravures.

9 — Pièce de renfort d'armure, mentonnière et épaulière en acier poli, à bandes gravées.

10 — Dos de cuirasse du XVIe siècle, en fer poli et orné de bandes alternées, unies et gravées.

11 — Parties d'armures, brassards et cuissards, du commencement du XVIIe siècle ; elles sont décorées de bandes alternées, lisses et gravées. Elles faisaient partie de l'armure du moine Grégoire Otrepieff, l'un des faux Démétrius, fils d'Iwon IV. czar de Russie, et qui usurpa un instant le trône.

12 — Paire de cubitières allemandes en fer poli et une paire d'étriers d'enfant avec traverses à jours.

13 — Devant de hausse-col en fer finement repoussé, décor de fleurs et portant au centre un blason.

14 — Grand bouclier (rondache) en fer repoussé et doré ; au centre, un soleil rayonnant, entouré d'un cercle décoré de monuments et de groupes de figures, au repoussé ; sur la bordure très-large, sont représentés par le même travail les douze mois de l'année.

15 — Chanfrein en acier poli, avec oreilles à bandes alternées, lisses et gravées; il est muni de son couvre-naseaux
à bec recourbé ; la place des yeux est garantie par une
grille bombée.

16 — Demi-chanfrein en acier poli, se terminant aux naseaux
et orné de bandes gravées.

17 — Devant de selle en fer poli, avec bordures gravées.

18 — Casque de tournois du xve siècle, en fer poli, muni de
ses boucles pour le fixer à la cuirasse.

19 — Salade italienne du xve siècle, avec visière à face humaine.

20 — Salade vénitienne (casque de commandant de galère).
Elle est recouverte en velours cramoisi et décorée d'ap-
pliques en fer repoussé et gravé. Sur le sommet du timbre,
un petit château également en fer.

21 — Bourguignotte du commencement du xvie siècle, en fer
repoussé; elle est décorée de feuillages et de chimères.
Le devant est formé par une tête de monstre.

22 — Bourguignotte à oreillons du commencement du xvie siècle ; elle est en fer repoussé, décoré d'ornements à pal-
mettes.

23 — Morion en fer gravé de la fin du xvie siècle.

24 — Heaume gravé et doré, du commencement du xvi° siècle, avec mentonnière et visière ; il est muni de son colle-
tin.

25 — Heaume en fer finement gravé, du commencement du
xvi° siècle ; dans les ornements sont des aigles et un chif-
fre répété de lettres entrelacées.

26 — Heaume de forme allongée et à visière ; il est orné de
bandes finement gravées.

ARMES OFFENSIVES

27 — Epée d'arçon à quillons droits et simple garde en fer
ciselé et fond doré ; lame large à deux tranchants, commencement du xvi° siècle.

28 — Épée ou sabre, forme claymore, richement incrustée d'argent sur parties ciselées, lame à un seul tranchant ;
sur une des deux gouttières on lit : Andrea Ferarra.

29 — Épée d'estoc, du milieu du xvi° siècle, à un seul quillon
recourbé avec double garde et contre-garde découpée et
ciselée, représentant des combats de cavaliers.

30 — Autre épée du même genre, dont les contours de la
garde sont bordés d'une chaînette à jour ; le milieu est
cloué d'argent, et sa fusée ornée d'un dessin en échiquier
fer et argent.

31 — Épée d'estoc, du milieu du xvie siècle, à double garde et contre-garde contournées et à quillons droits ; elle est ornée de riches et fines damasquines d'or avec médaillons représentant des figures en argent ; sur la lame on lit : *Henricus cvel me fecit, Solingen*.

32 — Autre du même style, avec damasquine d'or et d'argent.

33 — Épée d'estoc, du milieu du xvie siècle, à quillons droits, avec garde et contre-garde ciselée et damasquinée d'argent.

34 — Épée d'estoc allemande, du milieu du xvie siècle, à quillons droits, avec triple garde et contre-garde ; elle est ciselée et damasquinée d'argent, avec médaillons et figures en relief. Sur le talon de la lame, des deux côtés, une tête couronnée, avec ces deux inscriptions : *Joannes Wunder, et soli Deo gloria*.

35 — Épée d'estoc, du milieu du xvie siècle, à quillons droits, avec garde et doubles coquilles ciselées et percées à jours, sur lesquelles sont représentés des petits génies se jouant dans des rinceaux ; sur les bords, des médaillons à portraits alternés par des trophées. Dans la gouttière de la lame on lit : *Ardaro*.

36 — Épée d'estoc, de la fin du xvie siècle (dite à panier), ciselée et découpée à jours ; dans une partie pleine, une charge de cavaliers.

37 — Autre épée, de même style, de même époque et de même travail ; le bord de la coquille est retourné pour arrêter la pointe de l'épée adverse, dans la gouttière de la lame : *Antonio in Toledo*.

38 — Épée d'estoc, à coquille découpée à jour et ciselée, fin
du xvi° siècle.

39 — Autre analogue à la précédente.

40 — Épée, forme claymore à garde découpée et formée par
des serpents enroulés.

41 — Épée à coquille du xvi° siècle, de forme élégante. Lame
de Solingen.

42 — Épée italienne xvi° siècle, à doubles coquilles, plaques
à jours, pommeau en poire. Longue lame.

43 — Épée espagnole xvi° siècle, à doubles coquilles ouvertes.
Celle de devant décorée de chimères ciselées; curieuse
lame de Solingen.

44 — Épée italienne xvi° siècle, garde ouverte à trois bran-
ches, pommeau en poire. Longue lame à pans.

45 — Épée dont la poignée est en ivoire sculpté à trophées
d'armes. Garde en bronze travaillé à jours et doré, large
lame à facettes.

46 — Épée allemande dont la lame porte la date 1441; et
petite épée Louis XV en fer gravé travaillé à jours.

47 — Épée du xvi° siècle, garde de forme élégante, curieuse
lame striée à deux tranchants vers la pointe.

48 — Épée espagnole, garde à demi-coquille, quillons droits
et lame plate.

49 — Épée polonaise, en argent doré et ciselé, à longue lame quadrangulaire, la poignée à croisette se terminant par des têtes de dragons. Le fourreau de même métal, avec garniture ciselée.

50 — Sabre polonais, poignée en argent, à croisette recourbée, se terminant par des têtes de dragons ; lame à un seul tranchant, le fourreau en cuir, avec garniture en argent ciselé et doré.

51 — Courte épée d'estoc, de la fin du xve siècle, dite main gauche, à double quillon, avec garde triangulaire à retroussis, finement ciselée et repercée à jour.

52 — Dague du commencement du xvie siècle, en fer finement ciselé, le pommeau est décoré de deux médaillons et de mascarons en relief ; au milieu de la croisette se terminant par des têtes de dragons, deux autres médaillons. Les garnitures du fourreau sont du même travail. Pièce d'un travail et d'une finesse extraordinaire.

53 — Dague du commencement du xvie siècle, à poignée d'ivoire dont la garde est formée par trois têtes sculptées et entièrement détachées ; sur le plat du pommeau orné d'arabesques gravées en noir, une rosace en cuivre doré, sur laquelle l'extrémité de la soie est rivée. Le talon de la lame, carré, est à gouttière ; celle-ci se prolonge par une partie contrariée, également quadrangulaire mais aplatie de deux côtés, et se terminant par une pointe carrée. Les garnitures du fourreau en cuir sont en cuivre doré et ciselé, et dans l'entrée est logée une petite fourchette en fer à manche en cuivre doré et ciselé.

54 — Dague entièrement en fer ciselé et damasquiné d'argent. La fusée, la croisette et le pommeau sont découpés à jour.

55 — Petite dague *de merci*, du XVIᵉ siècle, à simple croisette en fer gravé et ciselé.

56 — Dague à poignée carrée et croisettes recourbées, en argent gravé et orné de turquoises ; lame triangulaire, fourreau en argent gravé. Travail slave.

57 — Autre analogue à la précédente.

58 — Dague main gauche XVIᵉ siècle, garde en acier poli percée à jours et gravée à fleurons.

59 — Autre dague main gauche, dont la garde est décorée d'une fleur de lys repoussée dans la masse.

60 — Petit poignard tout en fer, poignée et garde décorées de fleurons et de chimères.

61 — Petite dague à poignée formée par des dauphins surmontés d'une tête casquée.

62 — Dague italienne à poignée en fer entièrement décoré de rinceaux et fleurs ciselées. Lame striée à jour.

63 — Petit sabre à couteau de chasse. Poignée en nacre sculpté, garde argentée, belle lame striée et à jour.

64 — Masse d'armes en fer, avec manche décoré de feuillages pris dans la masse. XVIᵉ siècle.

65 — Masse d'armes dont la tête est formée d'une grosse boule en cuivre ciselé terminée par une pointe de fer.

66 — Masse d'armes polonaise, en argent doré, ciselé et
nivelé. Dans l'intérieur est une pique qui se monte à vis
sur le pommeau.

67 — Autre masse d'armes, en cuivre doré et ciselé, dont le
manche en bois est garni du même métal doré et ciselé.

ARMES A FEU & ARBALÈTES

68 — Mousquet avec batterie à rouet et canon ciselé au talon
sur lequel est un portrait. Le bois est couvert d'incrustations d'ivoire et de nacre, représentant des arabesques.
La crosse est contournée. Commencement du xviie siècle.

69 — Autre du même genre, de la fin du xvie siècle, avec batterie en fer gravé, avec parties en cuivre doré et ciselé.

70 — Arquebuse dite pied de biche, dont le bois est orné
d'incrustations en ivoire et en nacre, représentant des
arabesques et sujets de chasse, batterie à rouet en fer
gravé, doré et ciselé. Commencement du xviie siècle.

71 — Autre de même époque et de même style, avec batterie
en fer gravé.

72 — Autre de même style et de même époque.

73 — Autre analogue au numéro précédent.

74 — Autre analogue.

75 — Carabine allemande à rouet du XVIe siècle. Le bois est orné de plaques d'ivoire gravé. La platine, ainsi que le chien, richement ciselés et gravés en trophées d'armes.

76 — Grande carabine du XVIIe siècle, se chargeant par la culasse, la monture en argent gravé et ciselé. La batterie gravée porte le nom de Lorenzini Cocchi.

77 — Petite carabine allemande à rouet XVIe siècle ; la platine et les accessoires gravés au burin représentent des trophées d'armes.

78 — Grosse arbalète du XVIe siècle, dont le bois est incrusté d'ornements en ivoire gravé et corne de cerf ; elle est munie de son cranequin en fer gravé.

79 — Autre de même époque et de même style, munie également de son cranequin.

80 — Sprod ou arbalète à pierres du XVIe siècle, en fer noir ; la crosse est en bois avec plaques d'ivoire gravé.

81 — Deux grandes flèches d'arbalète de rempart et une poudrière en bois tourné et peint.

82 — Paire de pistolets longs d'arçon, du XVIe siècle, richement décorés d'incrustations de nacre et d'ivoire ; la batterie à rouet est gravée, avec crosse à pommeau allongé.

83 — **Pistolet de même époque et de même style, avec batterie en cuivre, pommeau droit.**

84 — Paire de pistolets à rouet du xvie siècle dont le bois est entièrement recouvert d'ornements en fer repoussé et ciselé, représentant des oiseaux dans des feuillages entremêlés de mascarons et de figures entières; les crosses à pommeaux ronds.

85 — Pistolet à rouet du xvie siècle, dont le bois est entièrement recouvert d'ornements en cuivre doré et repoussé, orné de feuillages, mascarons et figures entières; la sousgarde est formée par une cariatide de femme renversée.

86 — Petit pistolet d'arçon à rouet avec clef de remonte fixe, batterie et garnitures en cuivre doré.

87 — Paire de pistolets entièrement montés en fer ciselé et gravé ; le canon ciselé, décoré de figures et d'animaux, fin du xvie siècle.

88 — Pistolet avec monture en bois incrustée de cuivre, le canon et la batterie à double rouet, décorés d'arabesques dorés.

89 — Beau pistolet avec monture en bois entièrement décoré d'arabesques finement incrustés en ivoire et corne. Il porte la date de 1576.

90 — Pistolet de Lazarino Cominazo ; la monture est ornée de plaques en fer travaillé à jours et finement gravé.

91 — Hachette dont le manche incrusté d'ornements en ivoire est muni d'un pistolet.

92 — Curieuse hache allemande ; la hampe montée d'ivoire gravé contient un pistolet à rouet; une boîte en fer repoussé la termine.

OBJETS DIVERS

93 — Poire à poudre, du xvi⁰ siècle, dite pulvérin, de forme aplatie et carrée ; elle est décorée d'ornements en fer repoussé, ciselé, damasquiné et découpé sur fond de velours rouge.

94 — Poire à poudre, du xvi⁰ siècle, dite pulvérin, forme demi-ronde d'un côté, et allant en se rétrécissant par en haut. Elle est en cuivre doré, et couverte d'ornements repoussés et ciselés, représentant le jugement de Pâris.

95 — Poire à poudre, en ivoire, de la fin du xvi⁰ siècle, de forme ronde et aplatie ; d'un côté est sculpté un sujet de combat, et de l'autre, des génies supportant une armoirie.

96 — Petite poire d'amorce, allemande, du xvi⁰ siècle, en cuivre doré et ciselé, couverte d'arabesques et de petites figures. Sujets de chasse.

97 — Poudrière italienne en fer ornée de cannelures et de bandes gravées.

98 — Amorçoir allemand à sac à balles, le bois incrusté de cuivre, d'ivoire et de nacre gravé.

99 — Fer de Fauchard, à croc et pointe de pertuisane, gravé en partie. xvi⁰ siècle.

100 — Fer de pertuisane avec ailerons relevés, parties gravées
et dorées.

101 — Fer de pertuisane à ailerons relevés, flamboyant avec
parties gravées et dorées.

102 — Paire de grands étriers hispano-mauresques en fer richement ciselé et percé à jours, et sur lesquels sont représentés des monstres au milieu de rinceaux.

103 — Grande paire d'éperons en fer gravé et dont la mulette
est formée par une grande étoile gravée et découpée à
jours.

104 — Paire de très-grands éperons, rondelles tiges et talons
à jours.

105 — Un petit éperon en fer ciselé et doré.

106 — Curieux cor de chasse en ivoire d'une haute anti-
quité. Il est terminé près l'embouchure par une tête
humaine et conserve encore sa garniture en cuir.

107 — Curieux casque antique en airain de forme rare, orné
d'une large cannelure et de deux bandes gravées. Trouvé
dans des fouilles sous l'amphithéâtre de Vérone.

108 — Tête de lance en airain de très-belle forme et conservation. Mêmes fouilles.

109 — Hache en airain d'une belle conservation. Mêmes
fouilles.

110 — Bande-arc étrusque d'une dimension rare, ciselé et
gravé. Mêmes fouilles.

MEUBLES

2 0 1 0 .

111 — Grand cabinet à deux portes en ébène sculpté et gravé
du temps de Louis XIII, avec son pied ancien formé de
quatre colonnes torses en ébène sculpté à mascarons. Le
haut du meuble est entouré d'une galerie à balustres supportant des figures et des vases en bronze doré. L'intérieur
est richement décoré de tiroirs en écaille avec figures,
cariatides, entrées de serrure, etc., en bronze doré.

Bel échantillon de l'ébénisterie du commencement du
XVIIᵉ siècle.

112 — Coffret recouvert de cuirs entièrement décoré d'arabesques exécutées au moyen de fers frappés, dans le genre
des belles reliures du XVIᵉ siècle.

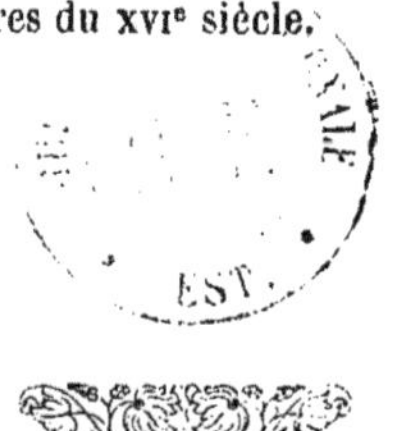

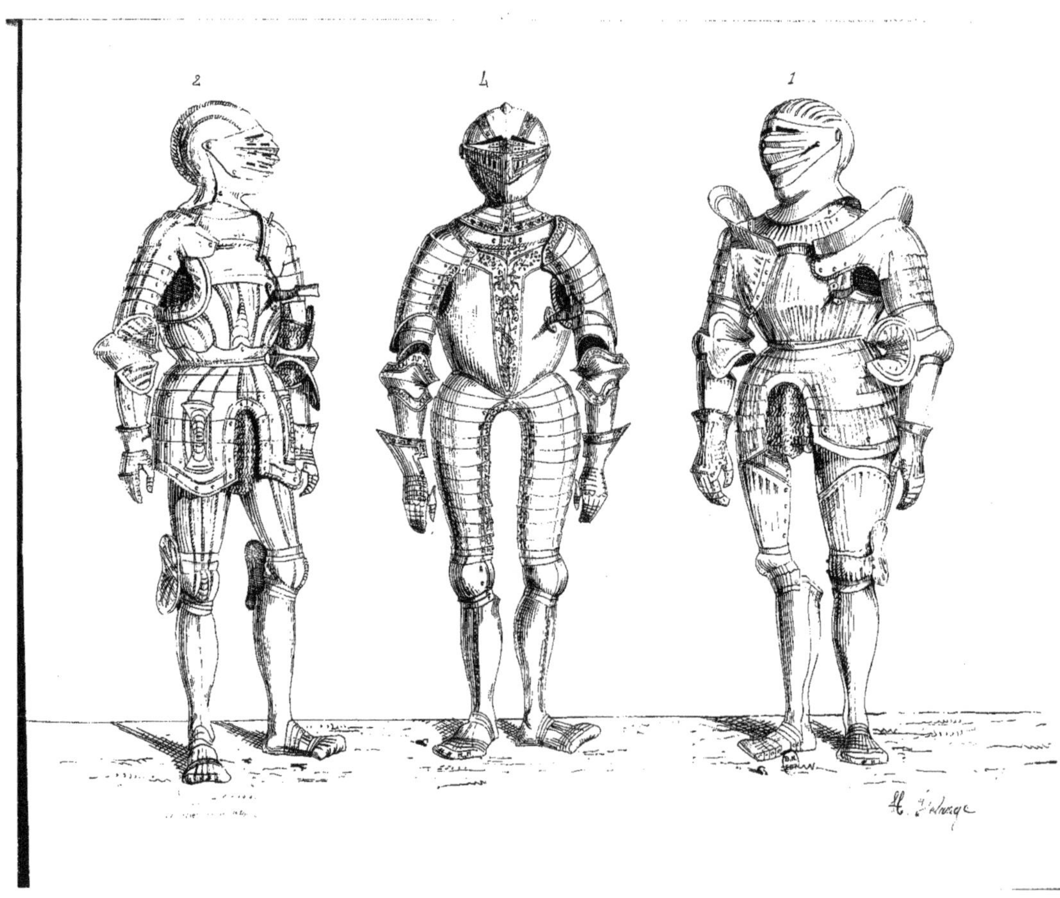

2
4
1

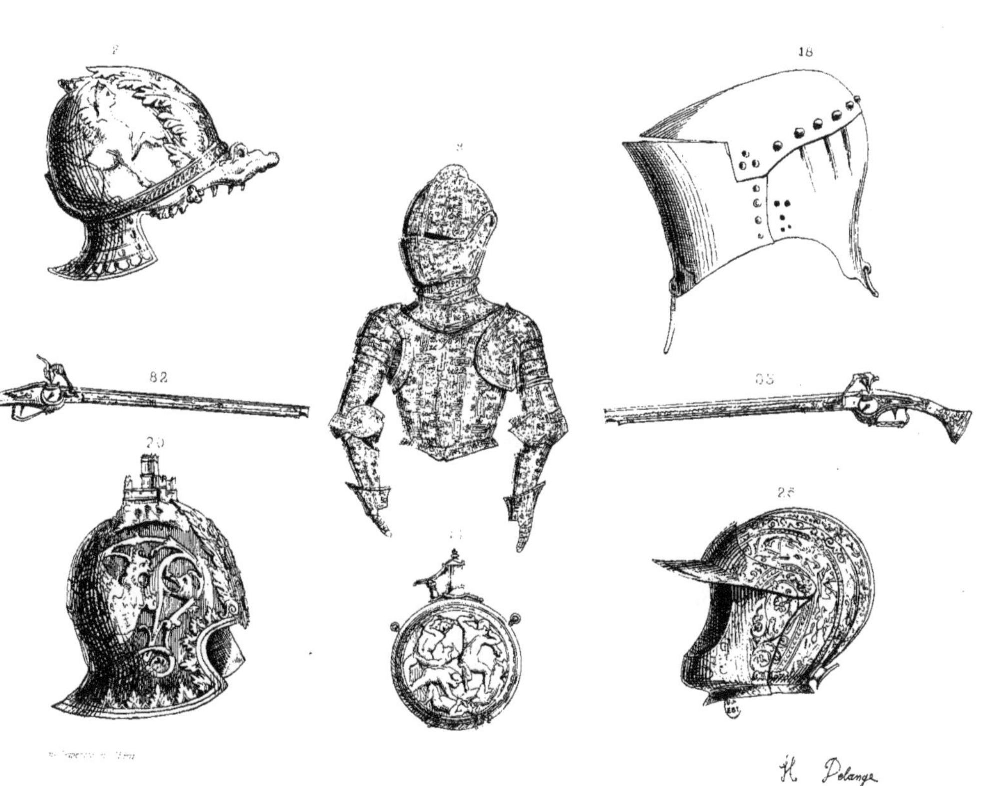
18
82
83
25
H. Delange

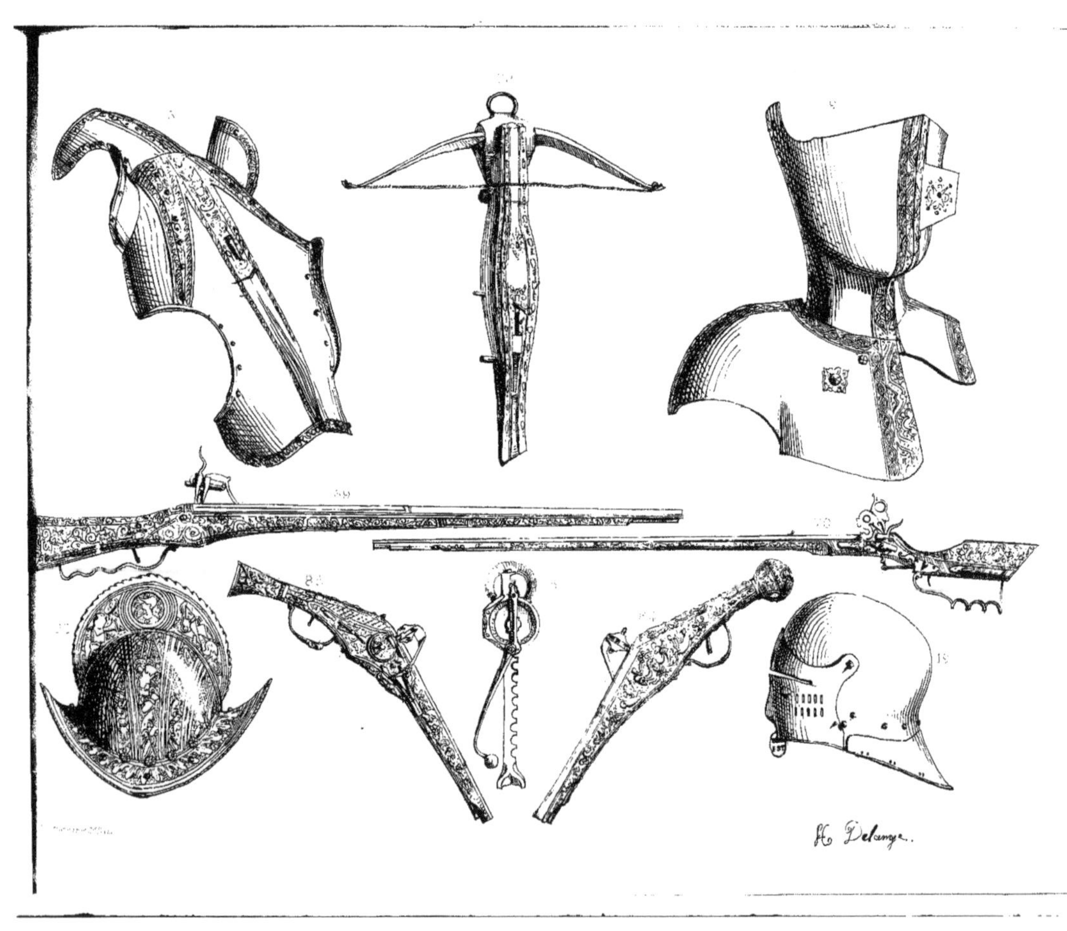
HC Delange.

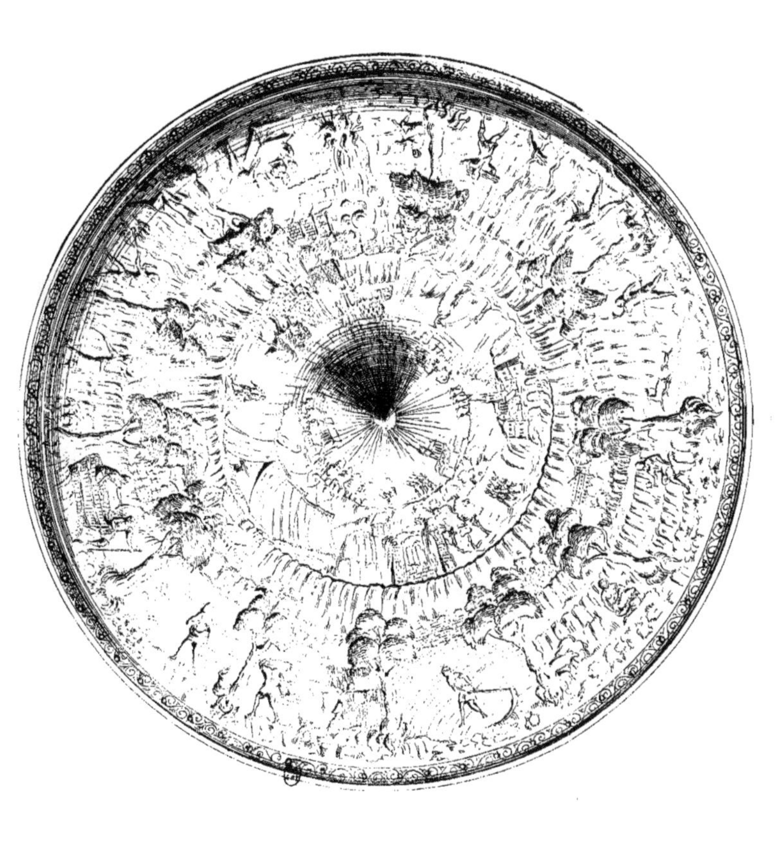

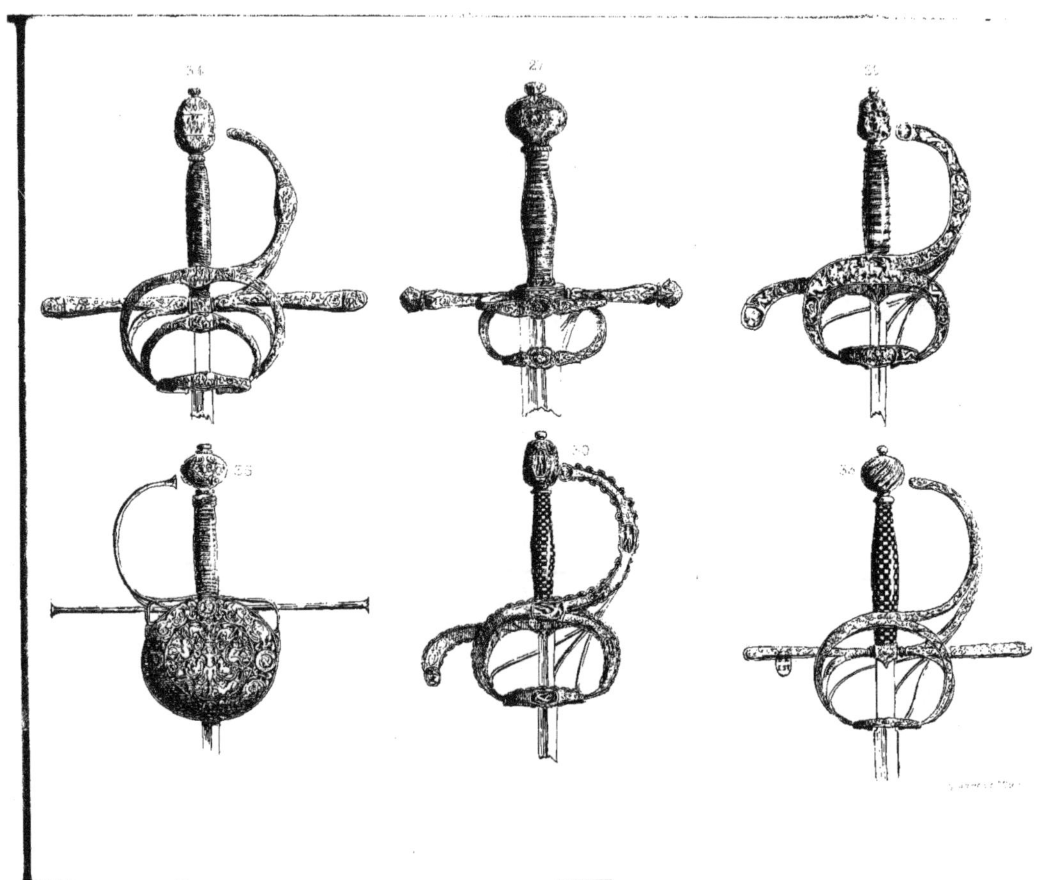

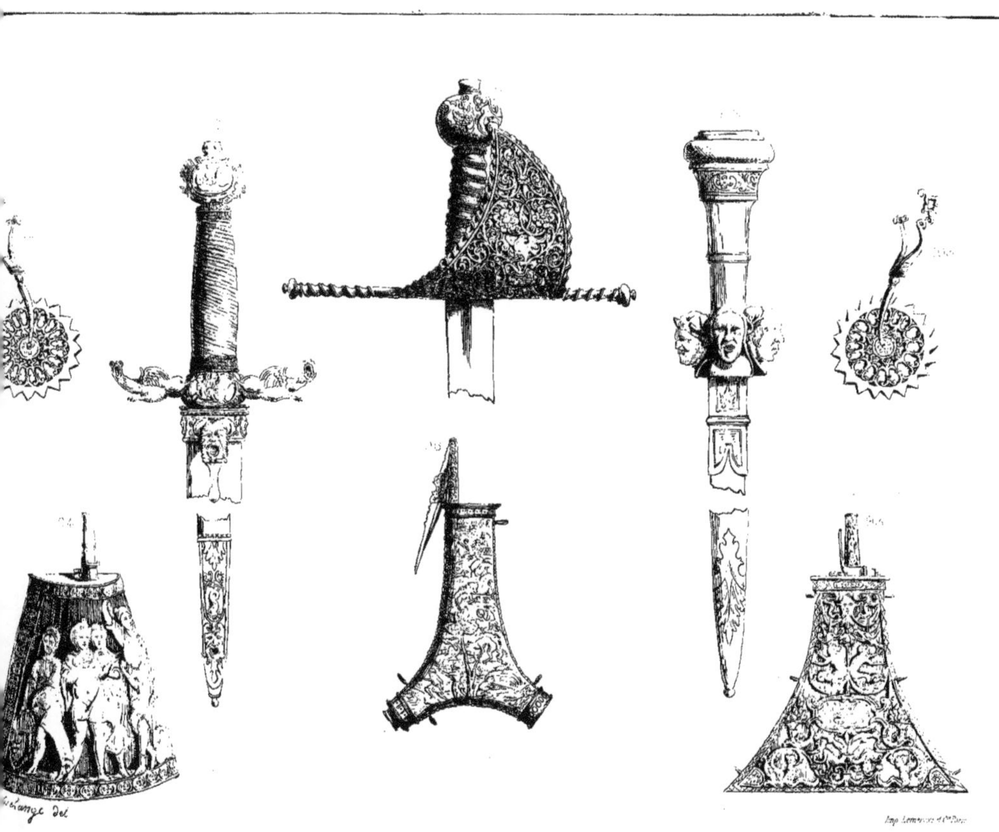
Delange del.
Imp Lemercier et Cie Paris

—

Cette vente avait attiré tous les amateurs d'armures anciennes. Aussi les belles pièces qu'elle comprenait en grand nombre ont été vivement disputées. M. Penguilly L'Haridon, conservateur du Musée d'artillerie, a fait plusieurs acquisitions pour le compte de Sa Majesté l'Empereur.

Armures et Pièces défensives.

1 — Armure complète en acier poli du quinzième au seizième siècle, dite Maximilienne. — 5,500 fr.

2 — Armure complète de la même époque et de même style. — 3,820 fr., à M. Penguilly L'Haridon, pour l'Empereur.

3 — Autre de la même époque et de même style. — 1,620 fr., pour l'Empereur.

4 — Armure complète du seizième siècle, en acier poli. — 2,280 fr.

5 — Armure complète du commencement du seizième siècle. — 840 fr.

6 — Autre armure du même style et de la même époque. — 760 fr.

7 — Autre semblable. — 410 fr.

8 — Petite armure d'enfant du seizième siècle, décorée de fines gravures. — 6,020 fr., pour l'Empereur.

9 — Pièce de renfort d'armure, mentonnière et épaulière. — 1,000 fr.

14 — Grand bouclier (rondache) en fer repoussé et doré. — 2,000 fr.

16 — Demi-chanfrein en acier poli. — 620 fr.

18 — Casque de tournois du quinzième siècle, en fer poli. — 1,810 fr., pour l'Empereur.

19 — Salade italienne du quinzième siècle. — 860 fr.

20 — Salade vénitienne (casque de commandant de galère). — 960 fr.

21 — Bourguignotte du commencement du seizième siècle, en fer repoussé. — 2,110 fr.

22 — Bourguignotte de la même époque. — 600 fr.

24 — Heaume gravé et doré, du commencement du seizième siècle. — 1,005 fr.

Armes offensives.

27 — Epée d'arçon du commencement du seizième siècle. — 3,010 fr.

28 — Epée ou sabre, forme claymore, incrustée d'argent. — 1,030 fr., pour l'Empereur.

29 — Epée d'estoc, du milieu du seizième siècle. — 2,400 fr.

30 — Autre épée du même genre. — 1,510 fr.

31 — Epée d'estoc, du milieu du seizième siècle. — 2,690 fr.

33 — Autre de la même époque. — 1,720 fr.

34 — Epée d'estoc allemande, du milieu du seizième siècle. — 3,130 fr.

35 — Epée d'estoc, du milieu du seizième siècle. — 1,260 fr.

36 — Epée d'estoc, de la fin du seizième siècle (dite à panier). — 920 fr.

37 — Autre épée, de même style et de la même époque. — 710 fr.

49 — Epée polonaise, en argent doré et ciselé. — 570 fr.

50 — Sabre polonais, poignée en argent. — 620 fr.

52 — Dague du commencement du seizième siècle, en fer ciselé. — 3,999 fr.

53 — Dague du commencement du seizième siècle, à poignée d'ivoire. — 500 fr.

66 — Masse d'armes polonaise, en argent doré et ciselé. — 1,030 fr.

67 — Autre masse d'armes, en cuivre doré et ciselé. — 420 fr.

Armes à feu et Arbalètes.

68 — Mousquet avec incrustations d'ivoire et de nacre. — 255 fr.

69 — Autre du même genre. — 755 fr.

70 — Arquebuse dite pied de biche, avec incrustations en ivoire et en nacre. — 485 fr., pour l'Empereur.

71 — Autre de la même époque et de même style. — 310 fr.

78 — Grosse arbalète du seizième siècle, avec ornements en ivoire gravé, et corne de cerf. — 200 fr., pour l'Empereur.

82 — Paire de pistolets d'arçon du seizième siècle, décorés d'incrustations de nacre et d'ivoire. — 1,201 fr.

83 — Pistolet de la même époque et de même style. — 120 fr., pour l'Empereur.

84 — Paire de pistolets à rouet, avec ornements en fer repoussé et ciselé. — 1,040 fr.

85 — Pistolet à rouet, du seizième siècle, recouvert d'ornements en cuivre doré et repoussé. — 780 fr.

87 — Paire de pistolets, montés en fer ciselé et gravé ; fin du seizième siècle. — 1,460 fr., pour l'Empereur.

88 — Pistolet avec monture en bois incrustée de cuivre. — 405 fr., pour l'Empereur.

Ch. Filhon.

www.ingramcontent.com/pod-product-compliance
Ingram Content Group UK Ltd.
Pitfield, Milton Keynes, MK11 3LW, UK
UKHW031716170726
13836UKWH00001B/263